Ingrid Haase

Einfluss von Gewalt in Computer- und Videospielen

GRIN Verlag

Bibliografische Information der Deutschen Nationalbibliothek:

Die Deutsche Bibliothek verzeichnet diese Publikation in der Deutschen National-
bibliografie; detaillierte bibliografische Daten sind im Internet über http://dnb.d-
nb.de/ abrufbar.

Impressum:

Copyright © 2007 GRIN Verlag GmbH
Druck und Bindung: Books on Demand GmbH, Norderstedt Germany
ISBN: 978-3-640-15506-4

Dieses Buch bei GRIN:

http://www.grin.com/de/e-book/114560/einfluss-von-gewalt-in-computer-und-
videospielen

GRIN - Your knowledge has value

Der GRIN Verlag publiziert seit 1998 wissenschaftliche Arbeiten von Studenten, Hochschullehrern und anderen Akademikern als eBook und gedrucktes Buch. Die Verlagswebsite www.grin.com ist die ideale Plattform zur Veröffentlichung von Hausarbeiten, Abschlussarbeiten, wissenschaftlichen Aufsätzen, Dissertationen und Fachbüchern.

Besuchen Sie uns im Internet:

http://www.grin.com/

http://www.facebook.com/grincom

http://www.twitter.com/grin_com

Ausarbeitung zum Referat:
„Einfluss von Gewalt in Computer- und Videospielen"

Videospielen"

Inhaltsverzeichnis

Einleitung

In der folgenden Ausarbeitung zum Referat über die Einflüsse von Gewalt in Computer- und Videospielen, soll es im Kern um die Auswirkungen derartiger Spiele auf Kinder und Jugendliche gehen.

Zunächst werden einige Fakten zur Häufigkeit der Anwendung von Computerspielen genannt, zu ihren Inhalten und zur Nutzung durch Kinder und Jugendliche. Weiterhin werden tatsächlich geschehene Ereignisse kurz geschildert, die den Leser zum Nachdenken anregen sollen, bevor die Wirkungsmechanismen und Auswirkungen auf die Spieler explizit erklärt werden. Einen großen Raum in dieser Ausarbeitung nehmen die Auswirkungen und Folgen des Spielens gewalthaltiger Spiele ein. Einige ausgewählte Studien unterstützen die Behauptungen, bevor eine kurze Zusammenfassung die Ausarbeitung beschließt.

Ich hoffe dass ich die Zusammenhänge deutlich und klar darstellen konnte und die Gefahr, die von aggressiven Spielen ausgeht für den Leser herausgestrichen zu haben.

Einige Daten und Fakten

Heute sind Computer und Videospiele nicht mehr aus dem alltäglichen Leben wegzudenken und fast jeder, der nach 1980 geboren wurde, hat schon einmal ein Videospiel gespielt oder spielt regelmäßig. Da gibt es ganz verschiede Genres – Flug-, Bahn- oder Autosimulationen. Wie aber haben sich die gewalttätigen Spiele entwickelt?

Vor ca. 30 Jahren gab es die ersten friedlichen Videospiele (Ping-Pong, Tetris, Pacman) auf dem Markt, damals natürlich noch in den USA, und erst allmählich fanden sie auch in Deutschland Absatz. Nolan Bushnell, der Gründer der Firma Atari die Rechner herstellte, auf denen anfangs am ehesten gespielt wurde, dokumentierte:

„Wir hatten die interne Regel, dass wir Gewalt gegenüber Menschen nicht zulassen würden."
(Bushnell, zit. In Kent 2001, S. 92)

Ab 1977 wurde in Videospielen auch schon Gewalt in abgeschwächter Form gezeigt und genutzt. Doch erst ab 1985 – mit deutlich realistischerer Grafik – entwickelten sich regelrechte „Gewaltspiele" mit fast ausschließlich aggressiven Inhalten. So konnte der Spieler Armeen zweier unterschiedlicher Länder aufstellen und Kriege simulieren, Kriege gegen Außerirdische führen und dazu verschiedene Waffen nutzen.

Ab 1992 wurden erste „Ego-Shooter" verkauft, Spiele, in denen der Spieler aus der Ich-Perspektive kämpft und die somit noch an Realitätsnähe gewinnen (vgl. Spitzer 2005, S. 208). Nun dominierten Spiele von Sony und Play–Station den Markt. Die direkten Folgen von Verletzungen werden realistisch gezeigt, jedoch nicht die indirekten – wie Trauer eines

Familienmitglieds des „Feindes" oder ähnliches. Je aggressiver und realistischer die Spiele, umso besser lassen sie sich verkaufen. In einer Analyse von 33 Nintendo und Sega-Spielen fand man, dass 80% Gewalt und Aggressionen zum Inhalt haben, 20% beinhalten explizit Gewalt gegenüber Frauen (vgl. Spitzer 2005, S. 210).

Verbote werden meist missachtet. In den USA spielen Kinder zwischen 2 und 17 Jahre pro Woche etwa sieben Stunden lang am Computer (vgl. Gentile et al. 2004).

Ein Medienbericht dokumentierte, dass 82,6% von 10 – 16 jährigen Hauptschülern mit indizierten oder beschlagnahmten Computerspielen in Kontakt kommen, 60,5 % spielen damit, 33,5% haben diese Spiele zu Hause und von 10 – 12 jährigen spielen 53% mit solchen Spielen, bei 13 – 14 jährigen sind es 67% (vgl. Kroeber-Riel & Weinberg 2003).

„Gefangennahme oder Verwunden [des Gegners] ist dabei nicht vorgesehen, da sich angeschossene Gegner, wie in „Soldier of Fortune", schnell wieder erholen und so wiederum zu tödlichen Widersachern für den Protagonisten werden. Es bleibt also meist nur der präzise und schnelle Todesschuss oder Todesstoß, der mit einem ganzen Arsenal von Waffen gesetzt werden kann. Die Palette reicht von einer Faust samt Schlagring über Pistolen, Schrotflinten und Raketenwerfern bis hin zu Säuregeschossen, Kettensägen und Elektrowaffen – kurzum alles, was den Gegner effektiv eliminieren kann. Dass beim Einsatz der Waffen das Gegenüber meist unter Schmerzensschreien zerstückelt wird, versteht sich von selbst. Nicht selten dokumentieren rote Fleischklumpen die vollendete Tat" (Fromm 2003, S.9f).

Virtuell spielen, real morden

Am 20.04.1999 betraten die Schüler Eric Harris und Dylan Klebold 17 und 18 Jahre die Schule in Littleton mit 2 Maschinenpistolen, 2 Schrotflinten und einem halbautomatischen Gewehr und erschossen 9 Mitschüler, 3 Mitschülerinnen und einen Lehrer, verletzten 23 Jugendliche z.T. schwer und begingen dann Selbstmord. Zusätzlich hatten sie 30 Granaten, Rohrbomben und andere Sprengkörper auf dem Schulgelände versteckt. Die beiden Schüler spielten gerne das blutige Videospiel „Doom", ein Spiel, das vom Militär der USA zur Ausbildung von Soldaten in tatsächlichem Töten des Gegners lizensiert und eingesetzt wird.

Der 16jährige Martin Peyerl erschoss am 01.11.1999 in Bad Reichenhall 4 Menschen und sich selbst – er spielte Resident Evil. Im selben Monat stürmte der 15 jährige Gymnasiast Andreas S. sein Klassenzimmer und ermordete seine Lehrerin mit 22 Messerstichen. Er spielte leidenschaftlich gerne das verbotene Spiel „Duke Nukem 3D", das von detailverliebten Tötungsanimationen wie wegspritzen von Blut und Hautpartikeln oder wegsprengen von

Körperteilen nur so strotzt. Am 27.04.2002 betrat Robert Steinhäuser aus Erfurt mit Pistole und Schrotflinte gegen 11.00 Uhr das Gutenberg-Gymnasium und erschoss 17 Menschen, davon 13 Lehrer und sich selbst – auch er spielte Gewalt – Videospiele (vgl. Spitzer 2005, S. 211).

Diese Geschichten stimmen nachdenklich wenn man beachtet, wie jung die Schüler waren und dass sie alle aggressive Videospiele spielten. Aber ist der Zusammenhang zwischen gewalttätigen Videospielen und tätlicher Aggressivität wirklich so klar? Was an diesen Spielen macht denn die Menschen so aggressiv, dass sie Morde begehen?

Was passiert beim Spielen aggressiver Computerspiele?

Die Auswirkungen von Computer- und Videospielen sind offenbar stärker als die des Fernsehens (vgl. Gentile & Anderson 2003).Gewalt in Spielen wird nicht nur passiv konsumiert, sondern auch aktiv trainiert. Der Lernerfolg ist also noch deutlich höher, nicht nur Tiere lernen bekanntlich durch gemeinsames spielen, auch Menschen und besonders gut natürlich Kinder. In Ego-Shootern wird der Spieler gezwungen, sich mit dem Aggressor zu identifizieren, das führt in der Endkonsequenz zu dessen Imitation.

Außerdem werden in Videospielen alle Schritte die zum Mord beitragen geübt – vom Waffenkauf bis zur aktiven Tötung. Zeit zum Nachdenken ist während des Spiels nicht gegeben. So bleibt auch keine Zeit für Empathie oder Schuldgefühle – es kommt zur Abstumpfung.

Die US-Armee rekrutiert über Gewaltspiele sogar mögliche Soldaten. Was für den „guten" Lernerfolg und Desensibilisierung spricht.

Weiterhin geht es im Spiel darum, Punkte und Leben zu sammeln, Level zu überschreiten und neue Waffen und Munition zu erhalten. Diese Ziele fungieren gleichzeitig als Belohnung für den guten Spieler. Das führt zu verschiedenen biophysiologischen Prozessen, die im Folgenden beschrieben werden sollen: Bei Belohnung und sehr guten Ergebnissen wird die Durchblutung des Frontalhirns gesteigert. Dadurch wird mehr Dopamin im Gehirn gebildet und ausgeschüttet, was positive Emotionen hervorruft. Der Körper und das Gehirn lernen, was zu positiven Emotionen führt und so wird das Verhalten verstärkt – in diesem Fall also das Spielen aggressiver Spiele. In Untersuchungen zeigte sich ein hundertprozentiger Zusammenhang zwischen Leistung im Spiel und Freisetzung von Dopamin im ventralen Striatum des Gehirns. Zusammenfassend bieten (aggressive) Computer- und Videospiele folgende Möglichkeiten zum aktiven lernen - sie:

1. trainieren aktiv
2. bieten Wiederholungen an
3. bieten Identifikation mit dem Aggressor
4. bieten ganze Handlungsfrequenzen, nicht nur Teilhandlungen
5. können pausenlos gespielt werden (keine Werbung, keine Zeit zur Reflektion)
6. belohnen Aggression und Gewalt

Dadurch kann sich die Wahrnehmung – besonders bei Kindern – derart verändern, dass andere Menschen als Gegner betrachtet werden. Aggressive Gedanken, Gefühle und Verhaltensweisen werden geübt. Das führt unter Umständen so weit, dass die Kinder nicht lernen, sich gewaltfrei auseinander zu setzen. (vgl. Spitzer 2005, S. 213ff)

Wirkungsmechanismen

In Computerspielen ist der Spieler emotional stärker beteiligt als beim Fernsehen, er unterliegt auch selbst der virtuellen Gefahr (könnte selbst umkommen). Es ist bekannt, dass emotionale Beteiligung das Lernen unterstützt. Dementsprechend fand man in Untersuchungen nach längerem Videospiel vermehrt bildhafte Komponenten des Spiels im Traum. Im Schlaf kommt es zu einer erneuten Aktivierung des erlebten, wodurch sich Erinnerungsspuren festigen, die Inhalte werden konsolidiert und gelernt. Weiterhin sind aber auch kurzfristige Wirkungen zu beobachten - Erregung, Irritation, Bahnung und Desensibilisierung – auf die ich im Weiteren eingehen werde.

Erregung

In Abhängigkeit vom Realitäts- und Gewaltgehalt der Grafik erhöht sich der Puls und Blutdruck des Spielers. Anderson und Bushman (2001) teilten in einer Studie Probanden randomisiert zwei Gruppen zu – eine Gruppe spielte das Gewaltspiel: „Mortal Combat" mit der Option „Blut", die andere ohne die Option. Der Blutdruck war deutlich höher in der Gruppe, die mit der Option „Blut" spielte (vgl. Ballard & Wiest 1996).

Die Erregungssteigerung fällt bei Jugendlichen mit aggressiver Neigung stärker aus (vgl. Lynch 1994, 1999), was darauf hindeutet, dass sie anfälliger für den Einfluss der Spiele sind. Außerdem fand man erhöhte Werte von Noradrenalin und Testosteron im Blut von Spielern. Die Auswirkungen sind offensichtlich besonders stark bei Kindern und Jugendlichen die „anfällig" für gelernte Gewalt sind (vgl. Gentile & Anderson 2003).

Imitation

Menschen lernen sehr schnell durch Beobachtung. Sie beobachten ihre Eltern, Geschwister und Freunde, lernen daraus und imitieren sie (vgl. Spitzer 2003). Genauso können sie auch von Computerspielen lernen. Das Beobachtungslernen und die Imitation sind weitgehend automatische Effekte, ohne die explizite Absicht zum Lernen. Allgemeine Regeln werden abgespeichert und Abfolgen, die zum Erfolg geführt haben, imitiert.

Bahnung (Priming)

Bsp.: „Bitte beantworten sie die gestellten Fragen laut und so schnell wie möglich."

„Welche Farbe hat Schnee?", „Welche Farbe hat die Bettdecke im Hotel?",

„Welche Farbe hat Papier?", „Welche Farbe hat Kalk?", „Was trinkt die Kuh?"

Wenn bei der letzten Frage „Milch" statt „Wasser" geantwortet wird, so liegt ein Bahnungseffekt bzw. Priming vor.

Bestimmte Bedeutungen stehen im Gehirn miteinander in Verbindung. Wird eine Bedeutung aktiviert, so breitet sich die Aktivierung im neuronalen Netz aus und dazugehörige Bedeutungen werden ebenfalls aktiviert. In einer Untersuchung von Uhlmann und Swanson (2004) spielten Probanden entweder 10 min das Gewalt-Spiel „Doom" oder ein Computer-Puzzle. Danach wurden nicht bewusste Assoziationen, aggressive Gedanken, Gefühle und frühere Spielgewohnheiten erfasst. Man fand signifikante Auswirkungen - besonders auf unbewusste Assoziationen, wobei bewusst gegebene Antworten unbeeinflusst blieben (Uhlmann & Swanson, 2004).

Desensibilisierung und verminderte Empathie

Wenn unser Organismus einem Reiz oder einer Reizklasse ständig ausgesetzt ist, so nimmt eine Reaktion auf den Reiz immer mehr ab. Diese „Desensibilisierung" ist ebenfalls eine Lernform. Durch wiederholtes Erleben von realer Gewalt oder Gewalt in den Medien kommt es zu einer verminderten emotionale Reaktion auf Ereignisse, die normalerweise starke Reaktionen hervorrufen würden (vgl. Funk et al. 2004) - weil der Spieler desensibilisiert ist. Die Kritikfähigkeit gegenüber gewalttätigen Verhaltensweisen ist vermindert, ebenso die Empathie, welche grundlegend für moralisches Empfinden und Handeln ist. Gewalt wird normal, regt einen nicht mehr auf, wird hingenommen und akzeptiert (vgl. Funk et al. 2004).

Weitere Folgen

Neben dem langfristigen Effekt: Erlernen und Imitieren gewalttätiger Verhaltenweisen und den kurzfristigen Effekten: Erregung, Irritation, Bahnung und Desensibilisierung kommt es zu einer Häufung verschiedener Beschwerden. So schmerzen die Knochen und Muskeln im rechten Arm (im Spielarm), im Nacken, Ellenbogen, Handgelenk und in den Fingern. Dieser Effekt korreliert mit der insgesamt mit dem Spielen verbrachten Zeit. Weiterhin ist die körperliche Fitness bei „viel - Spielern" reduziert, Aufmerksamkeits- und Leserechtschreibstörungen und allgemein verminderte Leistungen treten auf. Bei „Viel – Spielern" findet man zum Teil auch deutliche Anzeichen von Unterernährung und Verwahrlosung, da sie beim Spielen vergessen, für sich zu sorgen. Das Spielen von Computerspielen hat aber auch soziale Folgen. So reden exzessive Spieler weniger mit Freunden und können Gefühle schlechter ausdrücken als andere. Vereinsamung und Depressivität nimmt zu.

Studien zu Gewalt in Computer- und Videospielen

Es ist anzunehmen, dass Gewalt durch zunehmendes Spielen von aggressiven Spielen zunimmt. Das heißt, da der Gewaltgehalt von Spielen über die Zeit zugenommen hat, sollte der Zusammenhang zwischen dem Spielen dieser Spiele und tatsächlich angewandter Gewalt in neueren Studien größer ausfallen. Die Ergebnisse von Studien zeigen tatsächlich: je jünger die wissenschaftlichen Untersuchungen zum Zusammenhang von realer Gewalt und Computer- bzw. Videospielen sind, desto größer ist der gefundene Zusammenhang – Korrelation von $r = 0,738$. (vgl. Gentile & Anderson 2003, S 144).

In einer Längsschnittstudie, die 2004 an der Universität Potsdam mit 231 Jugendlichen durchgeführt wurde, fanden sich deutliche Zusammenhänge: Prof. Barbara Krahé und Dr. Ingrid Möller (2004) untersuchten mittels eines Fragebogens den Zusammenhang zwischen Konsum und Präferenz für gewalthaltige Bildschirmspiele und aggressionsbegünstigenden Gedanken. Die Neigung zu Aggressivität und das Geschlecht wurden getrennt erhoben. Diese Studie erbrachte folgende Ergebnisse:

- wer viele Video und Computerspiele spielt, spielt auch viele aggressive Video- und Computerspiele ($r=0,98$)
- Jungen spielen mehr als Mädchen
- Jungen empfehlen anderen eher Gewaltspiele und neigen zu gewalttätigen Gedanken bzw. zum Gebrauch körperlicher Gewalt

(Krahé & Möller 2004)

Doch nicht nur in Fragebogenstudien, sondern auch experimentell konnten derartige Zusammenhänge erwiesen werden. So ließen Irwin und Groß (1995) Kinder und Jugendliche entweder ein gewaltfreies oder ein gewaltbeladenes Spiel spielen und beobachteten danach das Verhalten der Probanden. Sie fanden eine signifikante Zunahme körperlicher Gewalt (schlagen, treten, kneifen, schubsen, an Haaren o. Kleidern zerren) bei Jungen in der Gewaltspiel - Gruppe (vgl. Irwin & Gross 1995).

Anderson und Dill (2000) untersuchten den Zusammenhang zwischen gewalttätigen und gewaltfreien Spielen mit Persönlichkeitseigenschaften (Irritabilität, Aggressivität, Straffälligkeit, subjektive Meinung zu Kriminalität und persönlicher Sicherheit sowie Studienerfolg) bei 227 Studenten (178 m und 149 w). 91% der Studenten spielten Videospiele in ihrer Freizeit, pro Woche etwa 2,14h. Das Spielen gewalttätiger Spiele war signifikant positiv mit Delinquenz (r=0,46), mit nicht aggressiver Delinquenz (r=0,31) und mit dem Persönlichkeitsmerkmal Aggressivität korreliert (r=0,22). Die mit Spielen verbrachte Zeit korrelierte negativ mit der Studienleistung (vgl. Anderson & Dill 2000).

Es wäre aber möglich, dass aggressive Menschen gerne gewalttätige Spiele spielen, und nicht von den Spielen aggressiv werden – sondern es vorher schon sind. Deshalb erstellten die Autoren ein neues Untersuchungsdesign mit 210 Studenten (104w und 106m).

Sie ließen die Probanden entweder ein gewalttätiges (Wolfenstein 3D) oder ein gewaltfreies (Myst) Videospiel spielen. Die Aggressivität wurde gemessen, indem die Spieler die Lautstärke eines Lärmgeräusches im Raum des vermeintlichen Gegenspielers einstellen konnten, wenn dieser ihrer Meinung nach verloren hatte. Bei aggressivem Spiel nahm die Bestrafung zu – die Spieler waren eindeutig aggressiver. Weiterhin fand man eine hoch signifikante Verkürzung bei der Lesezeit von aggressiven Wörtern nach dem Spielen aggressiver Spiele (Priming). (vgl. Anderson & Dill 2000)

Es gibt noch zahlreiche weitere Studien die den Zusammenhang zwischen aggressiven Spielen und realer Gewalt belegen, doch an dieser Stelle sollen die beschriebenen Beispiele genügen. Allein eine Metaanalyse soll im Folgenden noch Beachtung finden.

Metaanalyse zu Gewalt in Computer- und Videospielen

Anderson und Bushman (2001) fassten 35 Studien zusammen. Insgesamt ergaben sich aus der Metaanalyse folgende Ergebnisse: Das Spielen aggressiver Spiele

- steigert aggressive Gedanken, Gefühle und Verhaltensweisen
- vermindert Hilfsbereitschaft

(vgl. Anderson & Bushman 2001)

Es gibt noch zahlreiche weitere beachtenswerte Studien, bspw. zum Spielen im Internet – diese können jedoch aus Platzgründen hier nicht aufgeführt werden. Allein die Tatsache, dass es keine Untersuchung gibt, die positve Effekte von Gewaltspielen belegt, soll hier noch genannt werden. Es wurde in naher Vergangenheit häufiger behauptet, das Spielen aggressiver Spiele sei nützlich, „um mit aufgestauten aggressiven Energien fertig zu werden" (Spitzer 2005, S. 240). Diese Behauptung findet keine wissenschaftliche Unterstützung. Bisher sind nur negative Folgen derartiger Beschäftigungen erwiesen.

Zusammenfassung und Schlussfolgerungen

Untersuchungen zu den Auswirkungen des Spielens gewalthaltiger Computer- und Videospiele weisen nach: *„Gewalt im Videospiel führt zu mehr Gewalt in der realen Welt."* (Spitzer 2005, S. 241)

„Die Statistiken zur Gewalt im Fernsehen sind schon unglaublich. Bevor ein Kind in Amerika die Grundschule beendet hat, hat es schon 100.000 Gewalttaten und 8.000 Morde im Fernsehen gesehen; wenn das Kind jedoch Videospiele spielt, vervielfachen sich diese Zahlen, und die Gewalt wird in den eigenen Händen des Kindes verübt. Es drückt ab, mag die Sache, hat Spaß und seine Punktezahl geht nach oben. Was sagen wir unseren Kindern damit? Einer unserer Zeugen sagt heute aus, dass Videospiele ganz bewusst die psychologische Technik der Desensibilisierung einsetzten, um Soldaten beizuringen, wie man im Kampf andere Menschen tötet" (Kent 2001, S547).

Dies sagte ein Senator anlässlich einer Befragung und bezog sich auf einen Ex-Militärleutnant der unter anderem Folgendes zu Protokoll gab:

„Doom wurde an die US-Marine vermarktet und lizensiert. Das Marine Corps benutzt es als exzellentes taktisches Trainingsinstrument. Wie kann man das gleiche Instrument an Kinder über das Internet verteilen, wo es doch die Marines weiter zum Training benutzen?" (Kent 2001, S.552).

Nach diesen erschreckenden Angaben erscheint es nur logisch und folgerichtig, wenn Gentile und Anderson (2003) folgenden Rat an die Eltern, bezüglich der Frage ob ein Computerspiel für das Kind schädlich sein könnte, weitergeben:

1. *„Spielen Sie das Spiel selbst oder lassen Sie es sich von jemandem zeigen.*
2. *Beantworten Sie für sich selbst folgende 6 Fragen:*
   a. *Kommen in dem Spiel Charaktere vor, die andere verletzen wollen?*
   b. *Geschieht dies oft, d.h. mehr als 1 – 2 mal pro ½ h?*
   c. *Wird Verletzung in irgendeiner Weise belohnt?*
   d. *Wird Verletzung scherzhaft dargestellt?*
   e. *Fehlen gewaltfreie Lösungen oder werden Sie als weniger lustig bzw. zufriedenstellend dargestellt als aggressive Konfliktlösungen?*
   f. *Kommen realistische Konsequenzen der Gewalt im Spiel nicht vor?*
3. *Wenn Sie zwei oder mehr dieser Fragen mit <u>Ja</u> beantworten, überlegen Sie bitte genau, welche Lektion Ihrem Kind mit dem Spiel erteilt wird, bevor Sie ihm Zugang zum Spiel erlauben"* (Gentile & Anderson 2003, S. 152).

Der vorliegende Text macht für den Leser deutlich, wie klar die Effekte von gewalttätigen Computer und Videospielen sind. Alle Ergebnisse aus Studien bezeugen in erschreckender Weise negative Folgen, die von Lernschwächen und Schulversagen bis hin zu sozialer Vereinsamung und realer Gewalttätigkeit führen. Nach jahrelangen Debatten um „Katharsiseffekte" aggressiver Spiele versus negativer Folgen für Kinder und Jugendliche zeigen sich in dem Buch „Vorsicht Bildschirm", welches Grundlage für diese Ausarbeitung ist, deutlich rein negative und erschreckende Ergebnisse. Dem Leser wird deutlich, das die Debatte längst überholt ist, im Angesicht eindeutiger und beweishaltiger Untersuchungsergebnisse. Trotzdem werden auch in Zukunft weitere Studien über den Zusammenhang zwischen aggressiven Spielen und realer Gewalt benötigt, die engere und spezifischere Zusammenhänge erfassen können und somit vielleicht einen Ausweg für die Gesellschaft bieten. „Anti-Gewalt-Trainings" für Kinder und Jugendliche und Aufklärung über die Gefahren der Spiele müssen sicher auch in Schulen immer mehr thematisiert werden.

Literaturverzeichnis:

Anderson CA, Bushman BJ (2001) Effects of vioklenct video games on aggressive behavior, aggressive cognition, aggressive affect, physiological arrousal, and prosocial behavior: a meta-analytic review of the scientific literature. *Psychological Science* 12:353-359

Anderson CA, Dill KE (2000) Video games and aggressive thoughts, feelings, and behavior in the laboratory and in life. *Journal of Personality and Social Psychology* 78:772-790

Ballard ME, Wiest JR (1996) Mortal Kombat (^{TM}): The effects of violent video game play on male´s hostility and cardiovascular responding. *Journal of Applied Social Psychology* 26:717-730

Fromm R (2003) *Digital spielen – real morden? Shooter, clans und Fragger: Computerspiele in der Jugendszene.* Schüren Verlag, Marburg

Funk JB, Baldacci HB, Pasold T, Baumgardner J (2004) Violence exposure in real-life, video games, television, movies, and the internet: is there desensitization? *J Adolesc* 27:23-39

Gentile DA, Anderson CA (2003) Violent video games: the newest media violence hazard. In DA Gentile (Ed): *Media Violence and Children. Praeger.* Westport, (S.131 – 152)

Gentile DA, Lynch PJ, Lindner JR, Walsh DA (2004) The effects of vilolent video game habits on adolescent hostility, aggressive berhaviors, and school performance. *J Adolesc* 27:5-22

Irwin AR, Gross AM (1995) Cognitive tempo, violent video games, and aggressive behavior in young boys. *Journal of Family Violence* 10:337-350

Kent SL (2001) *The Ultimate History of Video Games.* Three Rivers Press, New York, NY

Krahé B, Möller I (2004) Playing violent electronic games, hostile attributional style, and aggression-relatet norms in German adolescents. *J Adolesc* 27:53-69

Kroeber-Riel W, Weinberg P (2003) *Konsumentenverhalten*. Verlag Franz Vahlen, München

Lynch P (1994) Type A behavior, hostility, and cardivascular function at rest and after playing video games in teenagers. *Psychosomatic Medicine* 56:152

Lynch P (1999) Hostility, type A behavior, and stress hormones at rest an after playing violent video games in teenagers. *Psychosomatic Medicine* 61:84-130

Spitzer M (2005) Vorsicht Bildschirm! Elektronische Medien, Gehirnentwicklung, Gesundheit und Gesellschaft (S. 207 – 243). Stuttgart: Klett.

Uhlmann E, Swanson J (2004) Expusure to violent video games increses automaticagressiveness. *J Adolesc* 27:41-52